Lambert Bertrand Essissima

Triompher de la souffrance

Lambert Bertrand Essissima

Triompher de la souffrance

Mon enfance mes premiers pas de footballeur avec Samuel Eto'o fils mon appel au service de Dieu

Éditions Croix du Salut

Impressum / Mentions légales
Bibliografische Information der Deutschen Nationalbibliothek: Die Deutsche Nationalbibliothek verzeichnet diese Publikation in der Deutschen Nationalbibliografie; detaillierte bibliografische Daten sind im Internet über http://dnb.d-nb.de abrufbar.
Alle in diesem Buch genannten Marken und Produktnamen unterliegen warenzeichen-, marken- oder patentrechtlichem Schutz bzw. sind Warenzeichen oder eingetragene Warenzeichen der jeweiligen Inhaber. Die Wiedergabe von Marken, Produktnamen, Gebrauchsnamen, Handelsnamen, Warenbezeichnungen u.s.w. in diesem Werk berechtigt auch ohne besondere Kennzeichnung nicht zu der Annahme, dass solche Namen im Sinne der Warenzeichen- und Markenschutzgesetzgebung als frei zu betrachten wären und daher von jedermann benutzt werden dürften.

Information bibliographique publiée par la Deutsche Nationalbibliothek: La Deutsche Nationalbibliothek inscrit cette publication à la Deutsche Nationalbibliografie; des données bibliographiques détaillées sont disponibles sur internet à l'adresse http://dnb.d-nb.de.
Toutes marques et noms de produits mentionnés dans ce livre demeurent sous la protection des marques, des marques déposées et des brevets, et sont des marques ou des marques déposées de leurs détenteurs respectifs. L'utilisation des marques, noms de produits, noms communs, noms commerciaux, descriptions de produits, etc, même sans qu'ils soient mentionnés de façon particulière dans ce livre ne signifie en aucune façon que ces noms peuvent être utilisés sans restriction à l'égard de la législation pour la protection des marques et des marques déposées et pourraient donc être utilisés par quiconque.

Coverbild / Photo de couverture: www.ingimage.com

Verlag / Editeur:
Éditions Croix du Salut
ist ein Imprint der / est une marque déposée de
OmniScriptum GmbH & Co. KG
Heinrich-Böcking-Str. 6-8, 66121 Saarbrücken, Deutschland / Allemagne
Email: info@editions-croix.com

Herstellung: siehe letzte Seite /
Impression: voir la dernière page
ISBN: 978-3-8416-9972-5

Copyright / Droit d'auteur © 2015 OmniScriptum GmbH & Co. KG
Alle Rechte vorbehalten. / Tous droits réservés. Saarbrücken 2015

TRIOMPHER DE LA SOUFFRANCE

- Mon enfance,
- Mes premiers pas de footballeur avec Samuel ETO'O Fils,
- Mon appel au service de Dieu.

Révérend Pasteur Bertrand ESSISSIMA

Juin 2014

AVANT-PROPOS

Partager son expérience est un moyen d'éduquer ceux qui sont dans des souffrances et qui cherchent la lumière. Les vicissitudes, les turpitudes de la vie sont, à notre humble avis, des épreuves qui déterminent l'homme et le poussent à faire un choix entre la voie du Seigneur et le chemin du diable. Dans les conditions de souffrance, l'homme est faible et penche pour le gain facile. La jeunesse d'aujourd'hui est portée vers une aisance précoce, se laissant flatter par les propositions sataniques qui conduisent droit vers la perdition. Voir un jeune qui résiste aux souffrances et qui s'obstine à croire en un Dieu qui, pour les esprits de peu de foi, l'a abandonné dans ses peines, relèverait de la folie. Oubliant que Job avait résisté aux tentations du diable, l'homme a tendance à se fragiliser spirituellement une fois que son entourage s'éloigne de lui, une fois qu'un échec remplace un succès tant attendu.

    Le présent document, récit de la vie d'un enfant a priori perdu, car abandonné par ses propres géniteurs, en est un que nous recommandons à tous, et en particulier à ceux qui ont perdu tout espoir, qui pensent que le Seigneur les a quittés, laissés à leur misérable sort. ***Triompher de la souffrance : Mon enfance, mes premiers pas de footballeur avec Samuel ETO'O Fils, mon appel au service de Dieu*** redonne, à chacun, l'occasion de se poser des questions sur la voie à suivre lorsqu'on est face aux tentations du diable. A travers ce récit pathétique, le lecteur se surprend à voir couler des larmes de ses yeux, inconsciemment. Bertrand ESSISSIMA fait, de sa propre vie, un enseignement pour les pauvres, les misérables, les honnis, les désespérés, etc. Il apprend à tous ceux-là que le Seigneur ne les a jamais abandonnés. Qu'ils sont en pleine traversée d'épreuves similaires à celles subies par Job ; au bout de cela se trouve la prospérité que leur réserve le

Seigneur. Il enseigne la patience et l'amour du prochain, même lorsque ce dernier vous a offensé, opprimé. Au bout de ce chemin de pardon, nous avons toujours rendez-vous avec la victoire.

Mon frère, ma sœur, toi qui te reconnais en cette vie, sache que ce que Dieu a fait pour Bertrand ESSISSIMA, il le fera certainement pour toi aujourd'hui ou demain. Sois patient, même dans les souffrances. Apprends à triompher de tes souffrances.

Nous recommandons à tout le monde de lire cette histoire poignante, afin de pouvoir mieux faire le choix de l'orientation qu'ils devraient donner à leur vie en temps de souffrances.

En guise de remerciement, qu'il nous soit donc permis d'appeler ici
- La Révérende Thérèse BIYOUHA
- Le Pasteur FRANCISCA et bien d'autres pour leurs soutiens durant les épreuves.

INTRODUCTION

Le chemin qui mène à la victoire est parsemé de difficultés, d'épreuves parfois cruelles qui peuvent vous amener à renoncer au Bien. Mais il suffit de savoir tenir bon pour accéder au salut de l'Eternel. Par la grâce du Seigneur, j'ai pris la résolution de vous raconter une partie de ma vie, dans ce récit que je conçois comme un témoignage de la bonté, la fidélité et la puissance que notre Dieu a manifestées à travers ma modeste personne. Je voudrais, à travers lui, m'adresser à toi qui fais face à la maladie, à la pauvreté, aux manipulations du diable, aux difficultés diverses. Crois-moi, mon frère, ma sœur, tu seras vainqueur face à l'ennemi. Tu connaîtras une vie de victoire éternelle. Il te suffira, pour y parvenir, de te confier à Dieu, selon qu'il est écrit : « Confie ton sort à L'Eternel, et il agira » ; et encore : « Invoque-moi au jour de ta détresse, et je te délivrerai (de tes ennemis et souffrances) ».

MA DOULOUREUSE ENFANCE

Je m'appelle ESSISSIMA Lambert Bertrand. Je suis né il y a de cela une trentaine d' année . Marié très jeune, le Seigneur a fait de moi le père de trois charmantes filles. J'occupe la deuxième position dans une famille de trois enfants[1]. L'expérience de ma vie que je me propose de partager avec vous est une succession d'épreuves de toutes natures que je voudrais laisser le soin à chacun d'apprécier.

La particularité de ma vie a commencé dès le sein de ma mère qui a dû supporter une grossesse de onze mois au lieu des neuf habituels. Pendant ce temps, la pauvre femme a affronté plusieurs maladies qui lui ont valu l'interdiction de consommer du sel. Avec le recul du temps, il m'arrive aujourd'hui de croire que ma venue dans ce monde envahi par l'injustice, la rancœur, la sorcellerie, la haine de son

---
[1] J'ai un frère aîné et une petite-sœur.

prochain, etc., causait du tort à certains. Qu'avais-je donc d'aussi particulier qui gênait tant au point de prolonger mon séjour dans le sein de ma mère ?

Une fois soulagée, cette pauvre maman croyait enfin savourer le plaisir de caresser son enfant. A l'âge de trois mois, j'avais déjà une bouche meublée de belles dents blanches et j'articulais mes premiers mots. J'exprimais une affection particulière à mes géniteurs qui me le rendaient si bien. Malheureusement, une succession d'épreuves aussi douloureuses les unes plus que les autres est venue arracher à ma mère ce plaisir de bercer avec joie son enfant.

Alors que je n'étais âgé que de six mois, la chute d'une dame-jeanne pleine de vin rouge sur ma tête me plongea dans un coma qui dura six jours. Par miracle divin, je n'ai connu aucune conséquence grave qui puisse entraver mes capacités cérébrales. Seule une cicatrice reste encore visible sur moi aujourd'hui.

Il est connu de tous qu'une famille unie où le

père et la mère révèlent aux enfants leur affection est le cadre idéal d'éducation pour la progéniture. Ma famille à moi se disloqua suite à la séparation entre mon père et ma mère alors que je n'étais âgé que de deux ans. En effet sous l'impulsion d'une grand-mère matérialiste et pourvoyeuse de mauvais conseils, mon père avait rompu sa relation avec ma mère. Un beau jour, il s'en était allé sans plus jamais revenir[2].

D'après le témoignage de ma mère, j'ai très mal supporté cet abandon par mon père au point de pleurer fréquemment. Mon père me privait de sa tendresse.

Six mois après cette douloureuse séparation, ma mère se fit un nouveau compagnon. Il s'appelait *PAPA Téles*. Elle m'emmena avec elle dans son foyer. Je devais alors apprendre à accepter la tutelle de cet autre père. Le mien me manquait énormément et il m'était difficile de le substituer aussi facilement. Le souvenir

---

[2] Il convient de préciser que mes parents ne vivaient pas sous un même toit. Ma mère logeait chez l'une de ses parentes, la grand-mère en question.

de ses gestes de tendresse me revenait à chaque fois. Mais lui était alors très loin, si loin de son fils.

Dans mon inconscience d'enfant, il m'était impossible de comprendre son choix. Mesurait-il vraiment le mal qu'il causait à son propre fils qui n'avait que deux ans ?

Obligée de rejoindre son nouveau partenaire, ma mère m'emmena vivre au quartier *NKOMO* à *Mvog-Ada* où l'environnement était totalement différent. Mon tuteur me vouait un amour digne d'un père. Il me baladait parfois, me présentait comme son fils. Je ne manquais presque de rien, j'étais alors un enfant comblé.

A quatre ans, lorsque je fus obligé de prendre le chemin de l'école, l'on m'inscrivit à l'école Saint Charles LWANGA de *Nkoldongo*.

Je me souviens qu'à cet âge, depuis ma tendre enfance, j'aimais tellement Dieu, le faisais-je consciemment ou était-ce une manifestation du Saint-Esprit qui me conditionnait pour ma mission future ?

La première personne qui pouvait témoigner de ceci était ma mère. Je lui ai donné tout le respect qu'un enfant pouvait devoir à sa maman.

Mon amour et mon obéissance lui permettaient certainement de surpasser ce qu'elle endurait. Lorsqu'elle revenait du marché, j'étais là pour l'accueillir.

L'enthousiasme que je mettais pour le faire était certes motivé par le petit beignet qu'elle me gardait, mais force est de souligner aussi que je m'adonnais à toutes les tâches qu'elle me confiait. Ainsi j'étais devenu son fidèle assistant dans l'accomplissement de certains travaux à la cuisine tels que écraser la tomate sur la pierre, laver les marmites[3]. Ce rapprochement de ma mère a créé une certaine complicité entre nous. C'est dire ici que contrairement aux autres garçons qui reçoivent leur éducation de leur père, j'ai acquis la mienne de ma mère.

---

[3] Je le faisais si bien que ma mère me titillait en me disant que l'on pouvait s'y mirer.

Dans mes prévisions d'enfant, j'avais un penchant pour le métier des armes. Je rêvais d'une carrière sous le drapeau. Je me voyais plus tard en bon militaire, portant fièrement mon arme à l'épaule, tenant à la main un fusil.

Cette obsession pour l'armée a conditionné tous mes jeux d'enfant. Je me souviens encore, comme si c'était hier, des scènes de guerre que nous simulions avec mon compagnon d'enfance aujourd'hui rappelé à Dieu, Serges Barthélémy[4], des armes et bombes à base d'eau et piment que nous fabriquions, de nos déguisements en héros de guerre et des punitions que nous subissions lorsque nous rentrions avec un corps entièrement enrobé de boue et autres saletés.

C'était là une première passion que Dieu a refusé de rendre réalité car il avait un autre plan pour moi.

---

[4] Ce dernier est devenu plus tard gendarme et s'est suicidé à Douala en 2006. Il était alors maréchal de logis.

La seconde passion de ma vie qui atteste que la prévision des hommes n'épousait pas toujours le choix du Seigneur est celle que j'ai vouée au football. A l'âge de sept ans, en effet, je pratiquais ce sport avec les autres enfants de ma génération. Si l'homme gouvernait sa propre vie, j'aurais dit qu'à défaut d'être militaire, j'aurais certainement été un bon footballeur.

Outrepassant l'opposition de ma mère, je trouvais toujours le moyen de me soustraire de sa vigilance pour aller retrouver les autres enfants du quartier avec qui nous livrions des matchs. Je dois reconnaître qu'en cela, mon tuteur, c'est-à-dire mon beau-père, le mari de ma mère, me soutenait à sa manière dans cette passion. C'est lui, *PAPA Téles* qui m'encourageait à persévérer dans ce domaine.

Les efforts de ma mère de me dissuader de pratiquer le football furent vains. A huit ans, je prenais déjà part aux compétitions scolaires. Mes performances au-dessus de la moyenne m'ont valu des surnoms en référence aux stars du football de l'époque telles que NDJONKEP Bonaventure, Basile BOLI. Moustapha el BIAZ, PAOLO CESAR, JURGEN KOHLER, MARCEL DESAÏLLY

Cet épisode de ma vie qui ressort l'harmonie et la chaleur enfin retrouvées au sein d'une famille tranquille peut laisser croire que j'étais devenu un enfant comblé, soustrait des affres de la vie. Mais il convient de mentionner que le voile noir du malheur n'a pas tardé à recouvrir à nouveau mon parcours lorsque l'histoire des foyers brisés de ma mère se reproduisit. Pour des raisons qui m'échappent, ma maman avait en effet choisi de quitter mon tuteur *PAPA Téles*, ce second père.

Elle ne m'avait même pas laissé la possibilité de la suivre, m'abandonnant chez *PAPA Téles*. Elle vivait désormais à 18 kilomètres de nous, dans son village natal de NKONGOA par Mfou. Comble de tout, comme si ce n'était pas assez pour le pauvre enfant que j'étais, mon tuteur bienfaiteur perdit son emploi[5]. Cette réalité poignante fut reçue comme un coup de massue. C'est le ciel qui s'écroulait sur ma petite tête de gosse maudit par le destin. Malgré le départ de ma mère, j'étais resté chez mon tuteur où les conditions de vie n'étaient plus guère une sinécure, mais un véritable calvaire. J'avais l'impression de vivre mon enfer sur terre.

    L'angoisse, les pleurs, la maltraitance, la faim rythmaient mon quotidien. L'absence de ma mère pesait fortement sur le petit garçon de dix ans que j'étais. Accablé par ce sort insupportable, je résolus de rendre visite à cette mère qui me manquait tant, pour ne serait-ce que profiter pendant quelques minutes de cette chaleur maternelle qui m'avait faussé chemin. Surpassant la force de mon jeune âge, je bravais courageusement à pied les dix-huit kilomètres qui me séparaient de ma mère. C'était le prix à payer pour avoir ce que les autres enfants de mon âge avaient tous

---

[5] Celui-ci était propriétaire d'une poissonnerie au marché central de Yaoundé. Il fut dépossédé de sa boutique au profit d'un autre commerçant.

les jours près d'eux : cette chaleur maternelle, j'ai pleuré amèrement, l'angoisse était très grande, le chagrin sans pareil, j'étais comme un arbre perdu dans le désert. Je disais : Seigneur, pourquoi m'as-tu créé ? Maman, pourquoi m'as-tu conçu et ne m'as-tu pas avorté ? Malgré cela, par la volonté de Dieu, l'amour que j'avais pour cette mère n'a jamais diminué. Je l'aimais plus que tout au monde. Elle était ce que j'avais de plus précieux. C'est l'être que je chérissais le plus. C'est ce grand amour que je lui vouais qui m'a permis de supporter toutes les tortures, l'acharnement que je subissais de la part de mon tuteur à chaque retour de chaque visite rendue à ma mère. A cela s'ajoutaient les procès si bien entretenus par la belle-famille de ma mère qui ne ratait aucune occasion pour s'acharner contre la petite créature du Seigneur que j'étais. Dans cette vie, ma sœur et moi passions des jours entiers sans manger. J'avais la sensation d'être un petit enfant non désiré, mis au rebut.

En juillet 1990, par le miracle de l'Eternel, je passe avec succès mon diplôme de CEPE (Certificat d'Etudes Primaires et Elémentaires). C'est alors que je me mis à la recherche de mon père géniteur. Trois mois plus tard, je le retrouvai au quartier *Kondengui*[6] où il vivait avec sa fille, ma sœur aînée consanguine, Thérèse. C'était la joie des retrouvailles pour une famille partiellement réconciliée.

A la rentrée scolaire 1990/1991, appelé à m'inscrire en classe de sixième, je n'ai pu avoir cet honneur, car de mauvaise foi, mon père refusa de s'acquitter de ma scolarité[7]. Il préféra plutôt m'emmener à *Tsinga Eyo*, son village natal situé à soixante kilomètres de Yaoundé, sur la route Yaoundé-Akonolinga. Une fois arrivé dans ce nouvel environnement dépourvu d'électricité et d'eau potable, mon père m'infligea la « punition » de reprendre la

---

[6] *Kondengui* est un quartier populeux de la ville de l'arrondissement de Yaoundé IVè.

[7] Nous préférons parler de mauvaise foi, car taximan de son état, et vu mon récent succès, il n'aurait pas échoué s'il avait vraiment déployé les maudits moyens demandés.

classe du cours moyen deuxième année à l'école publique d'*Eyo*, malgré mon diplôme de CEPE en poche. Selon lui, il fallait à tout prix que je réussisse à un concours d'entrée dans un établissement public, ce qui le dispenserait des frais de scolarité.

Subitement devenu villageois, il ne me restait plus qu'à m'adapter à mon nouveau milieu de vie. Le rythme et la nature des tâches quotidiennes changèrent brusquement. Chaque jour, en plus d'aller à l'école, revenir et apprendre mes leçons, je devais aussi m'acquitter des travaux champêtres, puiser de l'eau, qu'il fallait transporter sur la tête en gravissant une forte colline de près de 300 mètres ; un geste que je devais répéter au moins six fois par jour.

Par-dessus tout ceci, il faut ajouter que je devais aller chercher du bois pour la maison. La moindre désobéissance ou le moindre manquement était sévèrement réprimandé par mon oncle, le petit-frère de mon père, ATANGO, le maître de la concession. Il m'arrivait parfois de recevoir de ce dernier cinquante coups de fouet de rotin, accompagnés d'une privation de repas, toute une journée, pour l'enfant d'environ onze ans que j'étais[8]. A titre d'illustration, un soir vers 19 heures, l'épouse de mon oncle, Mama J., nous accusa injustement, mon cousin Adalbert et moi, d'avoir dérobé un morceau de poisson dans sa marmite. Furieux, son époux, notre oncle Atango, nous soumit à la douloureuse épreuve des cinquante coups de fouet. Très affecté par ce supplice, je n'ai pas pu m'asseoir le lendemain sur le banc de l'école. J'avais l'impression de vivre des souffrances qui n'auraient jamais de fin. Toutefois, face à une telle adversité, il fallait, contre vents et marrées, poursuivre ma scolarité jusqu'à terme.

    Chaque vendredi soir après l'école, nous nous rendions à *ANDOUGOU,* petite rivière dans une brousse située à près de cinq kilomètres de *Tsinga*

---

[8] Nous avons vécu cette brimade avec mon cousin Adalbert, fils de la grande sœur de Papa ATANGO.

Eyo, notre lieu d'habitation. Durant une bonne partie de la nuit, on pêchait des silures et le *"Bivoss"*, sorte de poisson actif durant la nuit. Le samedi était consacré à la visite des appâts placés la veille.

Durant cette longue et difficile activité, il faut relever que notre repas n'était fait que du même poisson pêché et préparé uniquement avec de l'eau, du sel et du piment. Nous ne rentrions que le dimanche au petit matin, le temps de s'apprêter pour la messe à l'église catholique d'*Abang-Tsinga,* située à trois kilomètres de notre demeure. Pour moi, cette nouvelle vie était une sorte de projection vers une autre planète. J'espérais qu'en travaillant ainsi comme un chameau, j'aurai une reconnaissance de la part de mon oncle paternel. Imaginez un enfant parti de la ville pour subir un tel esclavage. J'ai appris à cultiver toutes sortes de cultures vivrières.

Chez l'oncle ATANGO, j'avais fait la connaissance de ma grand-mère paternelle que je n'avais jamais vue auparavant. Sa réputation de sorcière était encrée dans la mémoire des villageois. Avant mon arrivée dans ce village, mon grand-frère consanguin, Célestin âgé d'environ treize ans, était décédé en 1987. Notre grand-mère fut indexée comme étant membre de la secte qui l'aurait sacrifié. Pour cela, elle était devenue pour moi une personne à redouter. Dès lors, je me suis jeté corps et âme dans les prières, qui l'ont atteinte. En effet, cette grand-mère, qui faisait semblant de trop m'aimer, a subitement commencé à me vouer une véritable haine. Malgré ma contribution au ravitaillement de la maison en nourriture, poisson et autres vivres, il arrivait souvent qu'en plein cœur de la nuit, ma grand-mère me jette dehors sans raison apparente. Ce geste, qui n'échappe pas aux personnes averties, signifiait simplement qu'elle me livrait aux sorciers du village. En pareille circonstance, je me rendais, pour le reste de la nuit, chez mon cousin André, dont la concession était située à environ cinquante mètres de la maison. Ce n'est que plus tard que j'ai compris que ce dernier jouait le rôle de protecteur à mon endroit. Ma grand-mère mourut en 2003, paralysée et souffrant de nombreuses maladies. Elle ne contrôlait même plus tous ses sens, faisant ses besoins sans s'en rendre compte.

Côté scolaire, malgré la surcharge de mes tâches quotidiennes, je réussissais à tous mes examens. Dans cet environnement rural où l'instituteur n'avait que le CEPE, le mien, qui certainement me considérait comme son égal au niveau intellectuel, trouvait le malin plaisir de m'appeler à me substituer à lui durant son absence. C'est ainsi que curieusement et au-delà de tout entendement, je me transformais régulièrement en encadreur pour mes propres camarades à qui je donnais des cours en lieu et place de notre instituteur.

Sur le plan des activités culturelles et sportives auxquelles je me livrais à l'école publique d'*Eyo*, il faut mentionner la pratique du théâtre. Je jouais le rôle de sous-préfet dans une scène intitulée : « Le discours du sous-préfet ». Je m'intéressais aussi au football.

Lors de nos matchs, j'occupais le poste de milieu de terrain (numéro 10). Très apprécié de l'autorité de l'établissement, je fus sélectionné pour les jeux OSSUC dans l'arrondissement de Mfou en 1991.

Un soir d'avril 1991, ma cousine, sœur aînée de Adalbert, décéda à Yaoundé dans des circonstances obscures. Elle résidait auparavant avec nous chez l'oncle ATANGO. Elle en était partie suite à des mésententes qui l'opposaient à mon oncle et sa femme. C'est à Yaoundé que plus tard, elle tomba malade et l'on indexa, entre autres, mon oncle d'être à l'origine de son mal. Elle trouva la mort lors de son transport pour l'hôpital. Depuis son décès, nos nuits au village étaient perturbées par les hululements des hiboux.

Ce décès, ainsi que les origines que la rumeur lui attribuait, m'ont particulièrement interpellé par rapport à la poursuite de mon séjour chez cet oncle. Finalement une bonne opportunité me fut offerte le mois suivant.

La méchanceté de mon oncle, combinée à celle de son épouse, ainsi que celle de ma grand-mère, avaient finalement pris le dessus sur ma volonté de leur tenir compagnie au village *Tsinga Eyo*. Un soir, m'accusant injustement d'avoir égaré l'une de ses cannes à pêche, l'oncle ATANGO avait décidé de m'administrer une dose double, à savoir cent coups de fouet. Après m'être déshabillé, le souvenir de toutes les bastonnades et douleurs que j'avais antérieurement subies me hantait la mémoire. C'est alors que dans ma tête, une idée se fit avec insistance : partir, aller au plus loin possible. J'ai feint de me coucher comme d'habitude pour subir la douleur atroce de son fouet. Mais dès que mon bourreau avait levé sa main, j'avais pris la fuite en direction de la brousse. Il me poursuivit mais se fatigua et finalement abandonna. J'avais trouvé refuge chez papa Giresse dont le domicile était dans le village voisin de *Nkol-Man*.

Ces faits s'étant déroulés un samedi, le lendemain était un dimanche. J'en ai alors profité pour attendre l'heure où mon oncle et toute la maisonnée étaient censés être à la messe pour revenir subtilement prendre mes effets. Ceci coïncidant avec la fin de l'année scolaire, car nous étions au mois de mai, je m'en étais allé définitivement de cette maison maudite. J'avais enfin échappé à l'esclavage que m'infligeaient ces personnes qui avaient des liens de sang avec moi, des parents à moi. Mais sortir de ce village où la voiture de transport ne passe que dans la nuit vers quatre heures fut mon prochain défi, j'ai été obligé de parcourir quinze kilomètres à pied avant de trouver un véhicule en partance pour Yaoundé. Dieu m'avait aidé dans ma fugue. Aujourd'hui, je peux associer cette aide du Seigneur à sa révélation qui figure dans le *Psaumes 91 :1* à savoir « Celui qui demeure sous l'abri du Très-Haut repose à l'ombre du Tout-Puissant ».

Après cette autre malheureuse parenthèse de ma vie, j'étais revenu à Yaoundé chez mon père qui habitait toujours *Kondengui* avec ma grande-sœur

Thérèse. Je savourais la joie que seules des retrouvailles avec ceux qui vous chérissent peuvent vous procurer. A mon retour dans notre concession, j'ai trouvé que ma sœur aînée s'était faite une copine qui avait intégré une maison voisine de la nôtre. Celle-ci, du nom de Mama Cré, fut très proche de notre petite famille. J'appréciais hautement la compagnie de ses deux enfants : Etienne et Clarisse.

Le bonheur des retrouvailles ne fut qu'éphémère. Quelques temps seulement après mon retour à la case paternelle, ma grande-sœur allait rejoindre son époux, Sissy, me laissant seul à la maison avec mon père. Quelques mois plus tard, ce dernier sortit un matin de la maison pour le travail et n'en revint plus jamais. Aussi surprenant que cela puisse paraître, il m'abandonna seul dans une maison de trois chambres. Je n'avais que onze ans. Cette responsabilité subite face à laquelle je me retrouvais ne pouvait émaner que de Dieu, et non d'un humain. C'est à ce moment que j'ai compris pourquoi Dieu avait permis que mon chemin puisse croiser celui de Mama Cré.

Cette dame de cœur avait surpassé à mes yeux son statut de simple voisine car elle m'a adopté comme son frère cadet, pour ne pas dire comme son propre fils. C'est elle qui passait chaque matin voir comment est-ce que j'avais dormi, qu'est-ce que j'avais à manger et s'enquérir de ma santé. Bref, c'était une nouvelle mère que le Seigneur m'avait envoyé à ce moment précis où j'en avais vraiment besoin.

Dans le registre de mes bienfaiteurs de cette époque, je ne saurais ne pas me souvenir des gestes combien salutaires de mon beau-frère Sissy chez qui j'allais aussi fréquemment à *Nkolbikok* non seulement pour manger, mais aussi exprimer mes désirs qui étaient alors satisfaits. Mais, je ne devais pas toujours être un fardeau pour ces bienfaiteurs. C'est pourquoi, aussi jeune que j'étais, j'avais compris que je devais me battre, me prendre moi-même en charge. C'est alors que Dieu me révéla mes talents encore cachés de coiffeur. Sans une véritable formation au préalable, juste à partir d'une observation discrète des gestes des professionnels, je me suis mis à exercer avec un peigne et une lame de rasoir. Pendant les week-ends, je me transformais en laveur de véhicules au niveau de la voirie municipale. Certaines nuits, j'allais travailler à la boulangerie Poula à *Kondengui* où mon salaire quotidien se réduisait à deux pains et quelques morceaux de sucre. C'était l'expérience d'une vie d'un adolescent sans parents. J'ai dû allier cette « vie professionnelle » à une vie scolaire pas moins pénible.

J'étais en effet élève au lycée de *Mimboman*. Je devais partir chaque matin de K*ondengui* à *Mimboman* à pied, sur une distance de 10 kilomètres, pour revenir le soir fatigué, parfois sans avoir à manger, je devais passer la nuit dans cette maison privée d'électricité. Oui, j'ai connu des ventres creux. Oui, j'ai vécu l'angoisse des lendemains incertains, la peur de la visite des brigands. Je transpirais de peur, je me sentais dans un monde inconnu, me sentant coincé et torturé, ne sachant d'où pouvait venir mon secours. C'était difficile pour moi, ça dépassait mon âge et mon entendement. La joie et la paix m'avaient été ravies. Le souvenir de tous ces problèmes était présent, j'ai pleuré des jours et des jours ! Je voyais ma jeunesse se détruire, mon espoir s'envolait en éclats, ma destinée s'arrêtait sur le champ, je voyais le livre de ma vie se refermer sans rien accomplir dans le monde des hommes. Je ne pouvais plus dormir, je passais des nuits blanches, sans un bout de sommeil. Les souvenirs me rattrapaient à tout moment, je dormais croyant que c'était un rêve et que le matin tout allait changer, mais c'était bel et bien la réalité. C'était impossible d'oublier cette sombre histoire. Mais l'important c'est que curieusement et sans que je ne le comprenne, j'ai pu vaincre toutes ces difficultés et accepter courageusement mon sort.

Dans ces moments de souffrances extrêmes, je ne saurais oublier ceux qui m'ont soutenu. Je pense particulièrement à mon ami AYE William[9] qui était souvent mon dernier espoir lorsque ma faim atteignait son paroxysme. C'est à ce dernier, enfant de mon âge, que je posais mon problème. Ce frère est allé plusieurs fois soutirer quatre verres de riz dans les réserves de sa mère pour me les remettre. Que Dieu nous le pardonne. Ce don, apparemment si minable, était de l'or pour moi. N'ayant rien pour sa cuisson, ni argent pour m'approprier le nécessaire, je me réduisais à rivaliser d'adresse avec les malades mentaux dans la fouille des poubelles à la recherche des bouteilles d'huile de palme utilisées et jetées, je les réchauffais pour recueillir le restant de ce liquide coagulé que je versais ensuite dans mon riz. Je ne saurais le cacher, dans de telles conditions, la tentation d'aller voler fut grande. La voix du Seigneur me dérouta cependant de ce chemin et me permit d'être fort et victorieux face aux appels du diable. Aujourd'hui, j'essaye de comprendre ce qu'ont pu traverser la majorité de nos frères qui peuplent nos prisons, incompris de ce

---

[9] AYE William vit actuellement en France

peuple qui n'a jamais connu la misère, le lendemain incertain. Quand tes rêves s'écroulent, quand tes intestins se brûlent, quand ton esprit s'envole, quand la détresse s'agrippe à toi, pendant cette période sombre, devant cette minute de sourire accompagnée d'une heure de pleurs et une journée de douleurs ! Devant cette goutte de joie au-delà de la pitié de soi accompagnée d'un torrent de larmes qui coule abondamment dans ton âme bouleversée par cette tempête qui chaque jour te guette, ce vent du désastre envoyé pour te combattre, cette vague de tristesse, vague de stress et de détresse ! Devant ce nuage qui assombrit ta vie, te réduisant à la survie, enténébrant ton sommeil, mettant une tâche dans ton œil, te divisant en plusieurs pièces afin que la joie cesse, noircissant ta destinée depuis que tu es né en blessant profondément ton cœur pour t'arracher ton bonheur.

La prochaine étape de ma vie m'avait conduit vers la pratique du football. Je peux à juste titre me vanter d'avoir côtoyé des gloires actuelles.

MES PREMIERS PAS DE FOOTBALLEUR AVEC SAMUEL ETO'O FILS.

C'est dans ce contexte de souffrances que je fus sélectionné dans l'équipe de Nantes Football Club de *Kondengui*, catégorie minime présidée par Jean Claude EVA BEKOLO et co-entraînée par NTOLO Télesphore et BINDZI Honoré, tous trois aujourd'hui décédés. Pour moi, c'était enfin une porte qui s'ouvrait pour la réalisation d'une vocation. Mais je fus très vite rattrapé par les souffrances. Après seulement trois mois de championnat, je fus victime d'un déboitement au genou, avec étirement des ligaments. Ce qui était parti pour être un bonheur se transforma très vite en une autre source de douleur que j'ai pu surmonter par la grâce du Seigneur. Imaginez un enfant de cet âge tout seul dans une maison, subissant cette douleur atroce. Il n'y a que Dieu seul pour justifier comment j'ai pu m'en sortir. Les miracles du Seigneur sont avec les opprimés. Dieu avait atteint le cœur d'une maman voisine qui s'était chargée de me faire des massages. Qu'elle reçoive sa récompense du Seigneur, car je ne saurais lui rembourser ce qu'elle a fait pour me sauver la vie.

Six mois plus tard, j'ai pu me remettre de cet accident et j'ai repris mes entraînements. Notre équipe remporta la coupe provinciale minime, je jouais également la coupe avec les Brasseries du Cameroun. Malheureusement, nous avons été éliminés en demi-finale par *Ratana Football Club,* équipe dans laquelle évoluait un certain WOME NLEND Pierre. Notre vainqueur, *Ratana FC,* remporta finalement cette édition de la Coupe Top.

Soucieux de la promotion de son club, le président Eva BEKOLO s'était engagé dans l'organisation d'une série de matchs amicaux hors de la ville. C'est dans ce cadre que nous avons engagé un voyage à destination de Sangmélima au nombre de vingt-trois joueurs. Parvenus au niveau du quartier *Etam-Bafia* à Yaoundé, notre car de transport tomba subitement en panne. Selon le chauffeur, le véhicule était en surcharge et il fallait se débarrasser de cinq d'entre nous. De concert avec le capitaine de l'équipe, BELLA Serge, le président dévoila la liste des cinq joueurs à exclure. Malheureusement, je fus parmi ceux-ci. Tout malheureux et en pleurs, je reçus ma petite valise. Au lieu de la compassion, mes camarades d'équipe, et particulièrement mes amis intimes ONGOLO Zéphyrin, Batoum Robert et AYE William se mirent à se moquer de moi en me disant : « Gars, on t'a tamisé ».

Tournoi UCB 1996 à l'échauffement

Homme du match avec le Bayern FC en 1993

Bayern FC de l'Omnisport en 1994

Tout confus, je redoutais mon retour à la maison, car tout le quartier était au courant de mon départ. J'avais l'impression d'avoir un poids énorme aux jambes. Une fois parvenu à domicile, je me suis enfermé et j'ai dormi jusqu'au matin. Après avoir passé trois jours sans mettre le nez dehors, la nouvelle de ma déprime est parvenue à MBARGA Anicet, un voisin qui était également footballeur évoluant dans *Ratana cadet*. Ce dernier décida de me rendre visite. Durant notre entretien, il m'encouragea à poursuivre le football. Plus tard, il m'arrangea un rendez-vous avec Moussa, entraîneur de *Ratana Football Club*. Dès notre première rencontre, nous avons sympathisé avec Moussa, qui, vue ma misère, m'avait offert deux beignets que l'on appelait habituellement *lofombo*. Puis il m'a remis une somme de 200F CFA, prenant rendez-vous le lendemain pour le début des entraînements à l'école catholique de *Nkol-Ewoé,* au lieu dit *montée Corneillet*. Moussa, qui n'avait pas autant de moyens que le puissant Eva Bekolo, s'était juré de faire de moi un grand défenseur central.

Stade Malien d'Anguissa où nous avions disputé la Coupe TOP, édition 1991. Dans ces goals, ETO'O a marqué 2 buts contre Canon.

Stade de l'Ecole Catholique de Nkol Ewoe où Ratana s'entraînait en 1991. C'est dans ce stade que Samuel ETO'O fait ses premiers pas de footballeur.

A ma première séance d'entraînement au stade de *Nkol-Ewoé*, je fus très bien accueilli par mes nouveaux co-équipiers dont le capitaine KAMDEM Alain, EROUME, NDENGUE, MBA, ONANA, MAHOP, BAKANG Olivier, NGANDAL, BEBINE, SCHUMMACHER, et surtout un certain Samuel ETO'O Fils que l'on appelait alors vulgairement *Chaud*.

Notre stade d'entraînement n'avait aucune dimension normale, les poteaux étaient en bois et la surface terrestre très accidentée, très caillouteuse. Ceci nous valait des blessures à chaque séance quotidienne d'entraînement. Nous n'avions ni pharmacie, ni une quelconque visite médicale ; ni même une bouteille d'eau à boire. Près du terrain, coulait tranquillement une profonde rigole. Nous n'avions qu'un seul ballon qui de temps en temps y tombait, obligeant tous les joueurs à aller à sa recherche. Un autre obstacle qui freinait notre jeu était la pente qui séparait le stade de la route. Le stade étant sans barrière, il fallait à chaque fois prier qu'un véhicule passant par là n'écrase le ballon qui s'échappait fréquemment du terrain.

Notre équipement vestimentaire n'était constitué que de tricots et petits shorts non uniformes que chacun acquérait librement, selon ses moyens, à la friperie. Sur l'aire de jeux, l'une des deux équipes jouait torse nu pour mieux se distinguer des adversaires. Aux pieds, nous portions tous des sortes de chaussures en plastique à semelle lisse que l'on appelait vulgairement *"batoula"*. Elles coûtaient six cents francs. ETO'O Fils avait une particularité, il décorait ses *"batoula"* avec le marqueur, essayant de leur donner un aspect de godasses à la marque Puma, allant jusqu'à modifier ses languettes. En guise de protège-tibia, ce joueur découpait des morceaux de seaux qu'il plaçait au niveau de ses tibias, se donnant ainsi l'allure d'un joueur très élégant et fier de sa tenue.

Chaussures lisses en plastique appelées ''BATOULA''
que nous portions : ETO'O FILS et coéquipiers, à la coupe
TOP édition 1991.

Surpassant ces conditions défavorables, notre amour pour le football restait intact. Nous nous plaisions à nous faire appeler par des noms des stars en vogue à cette époque. Moi par exemple, c'était BOLI, en référence à Basile BOLI.

J'étais très combattif dans le jeu, expert en tacles et accrochages. Lors des entraînements, Moussa avait un système où il mettait les défenseurs titulaires dans un camp, qu'il opposait aux attaquants titulaires regroupés dans un autre camp. C'est dans ce cadre que j'étais appelé à contrecarrer les entreprises de Samuel ETO'O Fils, qui était fin dribbleur et très fonceur. Il effectuait souvent des crochets inattendus qui nous sortaient des situations difficiles. On lisait clairement dans son regard l'envie de marquer et de se démarquer des autres avec une vitesse comme un éclair et une vivacité non comparable. Il était capable d'affronter un lion, s'il le fallait, pour arriver au but. Nous avions approximativement la même taille et la même corpulence. Mais il était le plus jeune parmi nous tous.

NANTES FOOTBALL CLUB EN 1992

BAYERN FC, Champion de la coupe TOP édition 1994.

Nos entraînements étaient de grands spectacles qui attiraient de nombreux passants. ETO'O Fils était élégant dans ses gestes, ses prestations. Pendant le jeu, il me soufflait très souvent ceci en me tapotant l'épaule : « BOLI, tu es dur sur l'homme, si tu continues comme ça, tu seras le meilleur défenseur ». Et à moi de répliquer : « Chaud, tu n'es pas facile à barrer, tes mouvements, tes dribbles déroutants et surtout ton crochet me donnent des blessures ».

Après notre premier entraînement, effectivement, j'étais rentré couvert de nombreuses blessures. Il fallait prouver au coach que j'étais le meilleur. Sans prime ni frais de transport, nous étions appelés à revenir le lendemain.

Moi habitant Kodengui, ETO'O à Fanta citron. Le reste de l'équipe habitait majoritairement les quartiers *Anguissa* et *Nkol-Ndongo*. Nous partagions tous une envie commune : devenir plus tard de grands footballeurs. Notre premier match a été joué dans le cadre du championnat minime dénommé *le calcio*.

Ledit championnat fut présidé par l'arbitre ATANGANA Louis de Gonzack. Le match en question se jouait au stade *MATECO* de l'Université de Yaoundé ; notre adversaire fut l'équipe *Ngoa Ekellé FC* que nous avions vaincu au score de 3 buts à 1. Nos buteurs étaient ABENA Jérôme (un but) et Samuel ETO'O (deux buts). Moi je portais le dossard numéro 4, tandis que mon co-équipier Samuel ETO'O avait le dossard numéro 9.

    Les regroupements pour chaque match avaient lieu chez notre entraîneur Moussa à *Anguissa,* d'où nous sommes partis en marche à pied pour rejoindre le stade de Ngoa Ekellé, soit une distance d'environ six kilomètres. La même distance était également parcourue à pied lors du retour. Aucune plainte n'était enregistrée. C'était une sorte de chemin de croix vers le bonheur, vers l'ambition rêvée de devenir grands joueurs. L'esprit de convivialité régnait au sein de ce groupe qui s'était inculqué les caractéristiques d'une famille unie et solidaire. Dans sa pauvreté, l'entraîneur

Moussa nous accompagnait toujours. Guide apprécié de toute l'équipe, il était pauvre mais digne, car il ne s'était jamais rabaissé, comme le font certains, à demander le moindre franc aux parents des enfants que nous étions. Son œuvre était à classer dans les sacrifices d'un patriote qui mettait son savoir au service de l'encadrement de la jeunesse camerounaise. C'était un homme incompris de certains parents qui l'accusaient plutôt de contribuer à dérouter les enfants. Il convient de signaler qu'à ce moment, dans l'esprit de plusieurs géniteurs, le football n'était pas une voie à prescrire à l'enfant.

Samuel ETO'O Fils avec UCB de Douala

En compagnie de mon meilleur ami OUM ALIMA Célestin

Jeux OSSUC en 1997 au stade de Mfou

Lorsqu'il lui arrivait d'avoir un peu d'argent, l'entraîneur Moussa nous remettait individuellement une modique somme de cent cinquante francs. Je me souviens qu'avec cet argent, Samuel ETO'O fils s'offrait toujours son plat favori, à savoir le bâton de manioc[10] de 50 F CFA et du haricot de 50 F CFA, accompagnés d'un bol de bouillie chaude de 50 F CFA. Je me souviens de notre vendeuse que nous appelions très affectueusement *Mama Agnès* dont le comptoir jouxtait le stade malien d'*A*nguissa à Yaoundé. Pour si peu, notre choix était bien perceptible ; preuve que nous jouions à l'époque sans attendre en retour une quelconque rémunération. Nous ressentions en nous-mêmes une certaine satisfaction chaque soir après le match, satisfaction d'avoir accompli ce qui nous plaisait, ce que nous aimions faire.

Notre adversaire lors de la deuxième journée du

---

[10] Sorte de complément camerounais fait à base des tubercules de manioc, emballé avec des feuilles vertes.

championnat fut le *Diamant FC*. Le match eut lieu au stade de l'hôtel Aurore, dans l'emplacement de l'actuel Palais des sports de Yaoundé. A la première mi-temps, nous avions une avance d'un but à zéro sur notre adversaire ; but marqué par l'intrépide Samuel ETO'O Fils. Suite à une erreur commise par notre gardien de but John BITOLOG[11], le *Diamant* égalisa. A la deuxième mi-temps, notre adversaire nous menait au score de deux buts à un. Lequel score resta inchangé jusqu'à la fin du match. Le coup fut très mal reçu par toute l'équipe, et particulièrement Samuel ETO'O qui supportait très mal les défaites. Je me souviens bien que ce jour, n'eût été notre intervention, il aurait réglé ses comptes au malheureux gardien John BITOLOG. Concrètement, il voulait lui donner des coups de poings parce que John BITOLOG était très arrogant et insolant, jamais il n'aimait les reproches. Il convient tout de même de mentionner que John BITOLOG n'était en réalité que le gardien

---

[11] John Bitolog est aujourd'hui décédé

remplaçant, car le titulaire, *Schummacher*, était malade.

Cet épisode prouve que très tôt, ETO'O Fils faisait preuve d'un amour débordant pour le football, une passion incommensurable. Les défaites suscitaient en lui une amertume incomparable. Sa vigueur était tellement notable que son envie de gagner le poussait toujours à se surpasser. Même les simples séances d'entraînement étaient pour lui un véritable défi. Il fallait gagner, et seulement gagner. ETO'O agissait comme si le mot « défaite » était inconnu de son vocabulaire. On est aujourd'hui en droit de se dire qu'à ce moment-là, il se forgeait déjà l'image d'un joueur talentueux, audacieux, meneur d'équipe, qui se surpassait dans ses gestes. Malgré sa modeste corpulence, il était imposant, pas orgueilleux, mais endurant et animé par l'envie de bien faire, un courage qui ne saurait être comparé qu'à celui d'un lion. Le même esprit me semble-t-il, vibrait en nous tous, y compris en moi qui étais parmi les meilleurs défenseurs centraux du championnat, ce, malgré ma petite taille. Vu notre détermination, je parie que nous étions capables de vaincre une équipe junior si l'occasion nous en avait été offerte[12]. Si je le dis, c'est que lorsque l'on revient sur le parcours de Samuel ETO'O, l'on note qu'il n'a pas eu à jouer le championnat junior au Cameroun, ni la première division. Il n'est passé que dans la deuxième division dans *UCB FC de Douala.* De là, il part pour le professionnalisme au *Réal de Madrid,* équipe dont le rayonnement international ne souffrait d'aucun doute à ce moment.

La défaite contre *Le Diamant FC* fut notre unique faux pas du championnat. Car, à la fin, nous en sommes sortis victorieux et qualifiés pour la Coupe Top des Brasseries du Cameroun, édition 1991. C'était pour nous un véritable challenge, c'était notre coupe du monde.

Les mois de juin, juillet et août étaient

---

[12] Il faut rappeler que nous jouions dans le championnat minime.

consacrés aux championnats de vacances généralement organisés par des groupements du quartier. Convaincu par mes performances, Samuel ETO'O Fils m'incitait à venir m'inscrire avec lui dans le championnat de la *montée Corneillet à Mvog Ada*, dans un stade appelé *Camp Ouest*. Ce qui mettait déjà en évidence sons sens de l'altruisme. Au lieu des onze joueurs requis, nous formions plutôt des équipes de sept joueurs. La rémunération individuelle à la fin de chaque match était de cent cinquante francs CFA. Mon gain me permettait juste de m'offrir un demi-kilogramme de riz à soixante-quinze francs CFA, l'huile de palme à cinquante francs et de la tomate à vingt-cinq francs CFA. En l'absence de cette modique rémunération, Samuel ETO'O m'emmenait dans son secteur de prédilection, au marché Mvog-ada, où l'on vendait des « *bikop bi gnak* » (peau de bœuf) avec de la sauce tomate et du pain de la veille, vendu à 50F le pain. Pour boisson, nous accompagnions ce repas de sucettes de dix francs. Ceci garantissait mon repas pour deux jours.

En cette période de vacances, nous étions de véritables stars, à en juger par le nombre de sollicitations dans les différents championnats tels que celui du *Camp tonnerre*, stade de *la niçoise à Mvog Mbi*. L'apothéose était au mois de juillet, pendant la Coupe Top des Brasseries du Cameroun. C'était un grand honneur, une grande distinction de jouer cette coupe. Tout jeune footballeur qui ne parvenait pas à ce niveau se sentait diminué, peu estimé des autres. Notre équipe était dénommée *Ratana Football Club* ou *Ratana FC*. Les onze titulaires retenus lors de la Coupe Top 1991 étaient : NJOCK Alias Shummacher (n°1), MBA (n°2), EROUME, alias Solo (n°3), ESSISSIMA alias BOLI (n°4), BEBINE (n°5), Mahop (n°6), Ngandal (n°7), NDENGUE, alias ordinateur (n°8), Samuel ETO'O Fils, alias Chaud (n°9), KAMDEM Alain qui fut capitaine de l'équipe avec le numéro 10, puis enfin BAKANG Olivier, alias Goro (n°11).

Ratana FC appartenait à la même poule que *Canon de Yaoundé, Nantes F.C.* de *Kondengui, KFC* A la dernière journée de la poule, *KFC* a battu *Nantes FC* par un score de 3 buts à 2 et il fallait que *Ratana* batte *Canon FC* pour que *Nantes FC* puisse se qualifier. Notre équipe, déjà victorieuse des deux précédentes rencontres, était donc déjà qualifiée pour les quarts de finale. Le match contre le *Canon FC* était alors de moindre enjeu pour nous. Inquiet, le président Jean Claude Eva Bekolo de *Nantes FC* vint nous rencontrer pendant la pause de la mi-temps et nous proposa une somme de 10.000 francs CFA en cas de victoire contre le *Canon F*C Flatté et motivé par l'argent, Samuel ETO'O Fils me souffla exactement ceci : « BOLI, sois rigoureux, ne laisse plus rien passer. » Nous étions menés à la mi-temps au score d'un but à zéro sous un soleil accablant. Il était environ onze heures du matin.

A la deuxième mi-temps, nous étions très galvanisés par notre président et notre entraîneur

Moussa, ainsi que son adjoint ATANGANA Hilaire[13] Samuel ETO'O Fils se montra particulièrement offensif lors de cette seconde mi-temps. Malmenant la défense adverse, il marqua le premier but sur pénalty à cinq minutes de la fin du match, après un centre bien servi par EROUME, le latéral gauche. ETO'O Fils avait *crocheté* le défenseur du Canon, EDJENTE, et marqué le second but par lobe. Tout le stade malien de *Nkoldongo* avait alors envahi l'aire de jeu. Cela démontre qu'à dix ans il soulevait déjà des foules.

De mon poste de stoppeur, j'étais resté très vigilant durant tout le match, avec notre libéro Bebiné[14]. Cette prouesse permit à *Nantes FC* de se qualifier et le *Canon* fut plus tard repêché. Malheureusement, notre équipe *Ratana F.C.* avait été éliminée en quarts de finale par *Maïscam*. Ce fut un échec difficile à supporter. Je revois les pleurs de mes coéquipiers tels que ETO'O, KAMDEM Alain,

---

[13] Ce dernier sert aujourd'hui dans l'armée camerounaise avec le grade de Commandant dans le B.I.R .
[14] BEBINE est aujourd'hui un coiffeur.

EROUME, MBA, MAHOP, BEBINE, NDENGUE.

L'année 1992 marqua notre séparation avec Samuel ETO'O Fils qui avait alors pris la route de Douala. La même année, j'ai quitté *Ratana FC* et suis retourné à *Nantes FC* Cette année-là, l'histoire se répéta pour moi, notre équipe fut éliminée aux quarts de finale. Depuis lors, nous ne nous sommes plus jamais revu avec ETO'O jusqu'à ce jour. J'ai le plaisir de l'admirer à la télévision et de comprendre qu'il avait su si bien persévérer dans ce que nous avions ensemble commencé.

En 1993, j'ai cependant eu l'opportunité de me rendre à Douala, invité par mon oncle MEKONGO Ernest pour des vacances. Je fus sollicité pour la Coupe Top dans l'équipe de *Nyalla FC* de Douala. C'est là que je fis la rencontre d'un libéro dénommé Serges ESSOME, alias Jojo. Je jouais comme attaquant avec le dossard numéro 10. Mon nouveau surnom reçu là-bas fut *Titi Camara*. Je me souviens de certains de mes co-équipiers tels que MILLOUMI

Mathieu Sinclair, dit *Rivaldo*, NLEND et NDJOMO Guy. Curieusement, ESSOME est aujourd'hui l'un des plus proches amis de Samuel ETO'O Fils.

En 1994, j'étais de retour à Yaoundé. J'ai reçu plusieurs sollicitations. Mon choix se porta sur *Bayern F.C.* de l'omnisport où j'ai porté le dossier numéro 15. Cette équipe était dirigée par Monsieur OTTIS, entraînée par SIMO Elie et évoluait dans la catégorie minime. Je me souviens de quelques-uns de mes co-équipiers tels que OUM ALIMA Célestin dit Pépé, Alexandre SONG BILLONG, alias Eyidi, AHANDA Aloïs dit Mendiéta, Kama Placide dit Petit Patou, BESSALA, NGONDI Thomas alias *Le mal*.

Avec cette équipe, nous avons enfin gagné la *Coupe Top, édition 1994*, face à *Nassara FC* dirigé par un certain Norbert qui avait pour gardien de but un certain Idriss Carlos KAMENI. En 1996, je suis retourné dans le *Ratana FC* pour jouer le tournoi UCB durant lequel Idriss Carlos KAMENI s'est fait découvrir et a passé un contrat avec *le Havre*. Nous avons joué le match aller avec le *TKC* qui nous a vaincus au score de quatre buts à deux. A l'issue de ce match, KAHAM Michel m'aborda et me révéla mes chances d'être sélectionné pour *le Havre* en France. Mais enfant de malheurs que j'étais, durant le match retour, je fus victime d'un déboitement de la cheville droite.

Ce nouvel accident fit voler mes ambitions de devenir un jour footballeur professionnel. Dans un monde où tout s'écroulait, où mes espoirs s'envolaient davantage, où tout était devenu sombre dans ma vie, où je n'avais plus la joie de vivre, où sur mon front coulait un torrent de larmes, je venais de goûter à la déception de ma vie ; un nuage a assombri mes jours, mes pieds sont devenus comme du fer, mes nuits sont devenues plus noires, la route me faisait défaut, tout me paraissait tomber en ruine, je me sentais divisé en mille pièces face à un avenir incertain, le désespoir hantait mes nuits, rongé par cette torture intérieure, par ce tourbillon du désespoir, la vie ne me disait plus rien. J'avais l'impression de recevoir une décharge du ciel sur mes épaules. La hantise du souvenir de ma première fracture se fit persistante dans ma mémoire. Ces images et l'atrocité de la douleur défilaient à mes yeux lorsqu'on me transportait vers ma maison. Très affecté, KAHAM Michel fit ce commentaire qui résonna longtemps au plus profond de mon être : « Cet enfant est malchanceux. Il vient de rater une occasion en or de voyager pour la France ».

En guise de conclusion à ce chapitre, il me revient de mentionner que mon objectif, s'il était atteint, était de montrer comment l'ennemi peut frustrer la vie d'un enfant, la bâcler, en la faisant passer à côté chaque fois qu'il était près du but, chaque fois qu'il était à côté des grands exploits (esprit de limitation, de misère, de servitude, d'anéantissement), même dans un environnement de futurs champions internationaux, tels que Samuel ETO'O Fils, Idriss Carlos KAMENI. Pour parler d'un cas comme celui de SAMUEL ETO'O qui a dépassé les cadres de nos minables stades de Nkol éwoé, camp Tonerre, stade malien, et qui a pour coéquipiers Lionel Messi, Ronaldinho, Xavi, Eden Hazard, Lampard, à la place des ESSSISSIMA, EROUME, NDENGUE KAMDEM. Il y a quelques années, ce fut une rencontre de destins, à un moment donné de notre vie, suivie d'une séparation. Mais malgré l'oppression de l'ennemi contre moi, il n'a pas pu empêcher mon appel, celui qui me conduit dans l'œuvre de Dieu(dans le sacerdoce). Mais aussi d'apporter ma modeste contribution à l'édification du public quant à ma connaissance de ce que furent les premiers pas d'un footballeur et le secret de sa réussite. ETO'O a persisté, nous, nous avons abandonné le football. Ce fut une rencontre des destins à un moment donné de notre vie, suivie d'une séparation, c'est le Dieu créateur et souverain qui décide. Mon destin à moi, m'a conduit vers l'œuvre du Seigneur.

MON APPEL AU SERVICE DE DIEU

Aujourd'hui, au regard de ma vie, de mon passé, je me pose très souvent la question de savoir : « Etait-il un problème de malchance ? » Tout ce qui m'arrivait doit être analysé comme étant l'action de la Providence. Toute mon espérance était basée sur la prière. Dans mon entretien avec le Seigneur, je lui posais des questions relatives au pourquoi de ces multiples acharnements contre ma personne. Ne recevant aucune réponse, j'avais cependant la conviction d'être détenteur de quelque chose de spécial qui dormait encore en moi.

Cet espoir en l'Eternel me fit transcender toutes les épreuves qui ont marqué ma vie. Même au plus profond de mes souffrances, lorsqu'après ma seconde fracture, j'ai pensé à la mort, Dieu a toujours su mettre sur mon chemin des personnes qui m'ont fourni tout le soutien dont j'avais besoin à l'instant précis.

La Providence mit sur ma route une maman de

cœur qui me prêta gracieusement ses services en acceptant de me masser fréquemment. Au bout de trois mois de souffrances, je pus me rétablir. Je venais de vaincre ainsi une autre épreuve de souffrance.

Entre temps, ma litanie de souffrances se prolongea avec cet autre épisode qui survint lorsque le bailleur, las d'attendre son loyer qui tardait à venir, décida de confisquer le peu de biens qui me restait dans cette maison où tout le monde m'avait abandonné. Face à cette réalité, il ne me restait plus qu'une seule alternative : aller rejoindre ce père qui m'avait oublié. Intégrer cette famille dans laquelle mon père s'était installé avait été un nouveau combat qu'il avait fallu à tout prix gagner. Curieusement, c'est ici que je peux dire que j'ai connu l'amour familial. J'y ai trouvé des familles. Dans la maison de Mama, épouse de mon père, vivait l'une de ses enfants nommée Georges que j'ai toujours prise comme modèle. Georges avait manifesté à mon endroit un amour digne de celui d'un frère aîné.

Dans la liste de ceux qui m'ont soutenu dans cette vie de souffrance, je dois reconnaître ici l'intérêt que manifesta à mon endroit le troisième mari de ma mère, le nommé Manga Emaran Jean-Marie, instituteur à l'école catholique de *Nkolmeyang*. Son amour pour moi faisait de lui mon conseiller, mon soutien financier, etc.

En 1997, surpassant tous ces obstacles à mon progrès, je pris la décision de m'inscrire aux cours du soir. L'établissement que je fréquentais (Cours Universitaires du Soir Notre-Dame de Mvog-Ada) m'a donné l'opportunité de pratiquer un sport scolaire. C'est ainsi que j'ai pris part aux tournois OSSUC à l'issue desquels j'ai été sacré meilleur joueur. Mais très vite, je fus rattrapé par ma série noire de souffrances. En effet, j'ai été victime d'une troisième fracture qui affecta ma cheville gauche, ceci lors des entraînements de préparations des jeux OSSUC de 1997. Et j'ai mis fin à ma carrière footballistique.

Cette même année 1997, afin de subvenir à mes besoins, j'ai ouvert un salon de coiffure au quartier *Essos*, plus précisément au lieu dit *Apollo bar*. Je dois reconnaître ici l'apport dont j'ai bénéficié de la part Gabriel, neveu du Pr Joseph, que je coiffais à l'aide de mon peigne et d'une lame de rasoir. C'est Gabriel qui m'offrit le nécessaire pour ouvrir ce salon, ayant remarqué la dextérité avec laquelle je rendais beau son oncle ; cet homme au caractère difficile qui n'était jamais satisfait de ce qu'autrui faisait. Arracher ses appréciations positives comme je le faisais paraissait pour son neveu relever d'un miracle. Il crut en mon succès dans ce métier et s'engagea à m'offrir ma chance. Cette aventure ne dura pas longtemps à cause de la cupidité de mon sponsor.

En effet, nous travaillions en partenariat. Il était arrêté que je devais lui verser hebdomadairement une somme de 7000 francs CFA. Mais contre toute attente, il exigea de moi une hausse, faisant passer son gain de 7000 francs à 14000 francs CFA. Elève en classe de troisième espagnole en cours du soir, je ne pouvais travailler à plein temps pour recouvrer une telle somme. Ses visites au salon commencèrent à me faire perdre mon sourire. Le capital de confiance qui avait jusque-là régné entre nous commença peu à peu à s'effriter. Mon bienfaiteur d'hier se transforma en un véritable mercanti à la recherche d'un gain exorbitant. Il opta pour l'idée de faire venir de son village un de ses cousins à qui il assigna la charge de contrôler toutes mes recettes.

Curieusement, avec l'arrivée de ce cousin dans le salon, les recettes chutèrent de façon drastique. Au lieu de la moyenne de 2500 francs de recette quotidienne que je faisais avant, nous n'avions plus que 300 francs. Etait-ce un effet de l'action de Dieu ? Nul ne pourrait répondre. Las de la galère, le cousin venu du village a tôt fait de fuir ce salon de malheur, arguant qu'il ne pouvait supporter cette vie difficile de Yaoundé. Comme par miracle, aussitôt que cet intrus avait quitté l'atelier, les recettes reprirent leur niveau d'avant. Je laisse à chacun la liberté de faire son petit commentaire sur ces faits assez expressifs.

De ce salon où je travaillais avec le soutien du Seigneur, je n'oublierai jamais tout le bien que m'a offert mon Dieu. En effet, pendant que j'y exerçais durement, mon attention avait très souvent été captivée par la beauté d'une jeune fille qui passait fréquemment devant moi. Elle m'avait l'air assez timide et d'un regard lointain. Elle me laissait l'impression d'une fille bien éduquée, qui rompait avec la légèreté des jeunes citadines de son âge. A chacun de ses passages, je lui adressais mon salut, mais elle ne daignait jamais me répondre. Obstiné, entêté, je renouvelais ceci à chaque occasion. Ayant constaté qu'elle affectionnait la lecture des romans, je me résolus d'en acheter un, que je lui offris gracieusement et avec élégance. A ma grande surprise, l'étrange jeune beauté qui refusait mon salut accepta ce cadeau anodin, sans hésitation. Je compris que ce fut l'astuce que le Seigneur m'avait soufflée pour vaincre cette frêle résistance. La jeune inconnue était devenue une amie, et plus tard une épouse. C'était le début d'une histoire longue et passionnante, celle qui lia Ghislaine BEYALE à Lambert Bertrand ESSISSIMA pour la vie.

Nous avons passé sept ans de vie commune avec ma fiancée. Nous avons connu le bonheur qu'a engendré la naissance en 1999 de NKOUSSE'E

ESSISSIMA Kévine, notre première fille. Ce fut le début d'une autre phase de responsabilité, de maturité. Il fallait alors se battre pour trouver un emploi stable et pouvoir nourrir ma petite famille. C'est ainsi que je fus candidat au recrutement militaire de 2000. Malgré le soutien d'un colonel, les résultats furent négatifs. L'année suivante, 2001, je présente le concours de la police, sans succès. Cette même année, avec l'appui de l'épouse du ministre de la Fonction Publique, je me présente sans succès au concours de la douane.

Côté familial, non satisfait du concubinage avec ma compagne, nous avons ensemble décidé de révéler à la belle-famille notre union, ceci, avec les encouragements de Mama Eliane. Je me rendis au village de *BIBA YEVOL* par EBOLOWA dans le Sud. Leur ayant offert tout ce qu'ils m'avaient demandé, je pus lire de la joie sur leur visage. Une joie pleine d'hypocrisie. J'ai passé deux jours avec eux, puis nous avons pris congé et ils m'ont remis une chèvre tuée, avec tous les boyaux et la tête. En réalité, ladite chèvre avait été ensorcelée et devait provoquer ma mort après consommation. La raison de leur geste était leur refus de me voir épouser leur fille du fait de ma pauvreté. Pour eux, je n'étais qu'un pauvre coiffeur. Mais une fois de retour à Yaoundé, je n'ai consommé que les boyaux. Ces faits se déroulèrent en 2004.

J'ai repris mes activités. Un jour pourtant tranquille, me trouvant dans mon petit salon de coiffure, je fus subitement pris d'un malaise. Je perdis toute sensation. Je n'arrivais plus à contrôler mes bras. J'avais l'impression de porter une charge sur la tête et d'avoir un ventre attaché. Je n'arrivais plus à faire un quelconque mouvement. Il me semblait ressentir des êtres comparables aux chenilles se déplacer dans mes oreilles.

En 1999 avec mon épouse et ma première fille. Il était pour nous difficile de nous offrir des chaussures, et même des vêtements.

Le couple ESSISSIMA en 2012.

Avec l'aide de Mme Chantal NGUEMA, je me rendis au CHU (Centre Hospitalier Universitaire) de Yaoundé où les médecins me soumirent à tous les examens qu'ils crurent nécessaires. Aucun résultat ne fut positif. Toujours persécuté par cette chose étrange, je pris la résolution de me faire suivre spirituellement. C'est alors qu'en bon catholique que j'étais, je me rendis auprès des prêtres qui me consacrèrent des séances de prières et me prescrivirent d'inscrire quinze messes moyennant une somme de 3500 francs CFA chacune, d'acheter des encens, des parfums Saint Michel, de l'huile Saint Michel. J'avais obéi à toutes leurs instructions sans obtenir malheureusement de guérison.

    Mon état de santé s'empira et vint la phase des hallucinations. J'avais commencé en effet à voir des gens venir m'étrangler. Chaque nuit, je me voyais à côté d'un cercueil. Je vivais un véritable cauchemar. L'ennemi m'oppressait. L'idée de mourir et laisser orpheline ma petite fille de cinq ans me rendait encore plus malheureux. Mais l'espoir et la confiance que j'avais en mon Dieu m'ont permis de surmonter une fois de plus cette autre épreuve et de connaître la victoire du bien sur le mal. Reposant tout mon espoir de délivrance sur le Seigneur, j'ai catégoriquement refusé qu'on m'amène chez les marabouts, les charlatans vendeurs d'illusions. Ce choix a mis mon frère aîné dans le désespoir total, et, incapable de saisir ce qui se passait, il s'est mis à pleurer, concluant à ma mort certaine et proche.

Cette épreuve fut douloureuse pour moi. Je me souviens que, fréquemment, j'ai aussi pleuré. Je cherchais à comprendre ce qui m'arrivait, me demandant quelle offense j'avais pu faire à Dieu pour mériter un tel sort. Ayant exaucé mes prières, Dieu a réagi en inspirant ma cousine Pierrette, aujourd'hui décédée, de me recommander au serviteur Serges BEYALA. C'est ce dernier qui m'a fait réellement connaître Jésus-Christ en me confiant son nom comme dans *Romain 10 : 9*. Le pasteur Serges me prit en charge et mon état commença nettement à s'améliorer. Lorsque plus tard, ce dernier voyagea pour le Mali, n'ayant plus de suivi spirituel, mon état de santé redevint encore critique. C'est alors que ma tante ONDOA Rose, ancienne d'église, me conduisit à l'Eglise Pentecôtiste Chrétienne du Cameroun, plus précisément à l'Assemblée de Jérusalem au quartier *Anguissa* à Yaoundé.

Tous les mercredis, jour retenu pour la prière, je me rendais dans ce lieu à titre de malade. Bien qu'ayant plus tard accepté de me faire baptiser par le Pasteur Louis Marie NGOLE, je refusais intérieurement toute adhésion à cette église, malgré le suivi du Révérend Pasteur MACHAUD, car je m'obstinais à ne pas quitter mon obédience catholique. Pourtant Dieu m'avait déjà guéri et choisi, mais je ne saisissais pas encore son appel. Mon ignorance ne me permit pas de comprendre que Dieu ne se trouvait pas dans une église quelconque, mais qu'il est dans la Parole. Mon obstination insensée à m'attacher à mon église d'origine me fit encore souffrir pendant six mois. Moi je lui disais : « A quoi me sert de vivre seul, à quoi me sert de rester en vie? » C'étaient les liens de la mort, et le séjour de la mort qui m'avaient saisi. Je continuais à passer des nuits blanches, et quand le sommeil venait, c'était le cauchemar. Un jour, je me suis enfermé dans la chambre. Ce jour, mon cœur respirait plus fort, je sentais comment il cognait dans ma poitrine, je tremblais sans savoir pourquoi, j'ai commencé à crier :

« Jésus, sauve ma vie, Jésus, ne m'abandonne pas dans les ténèbres, viens combler ma vie brisée, viens bander les plaies de mon cœur, viens bander les blessures de mon âme, viens enlever le grand vide dans mon être, viens enlever la solitude qui m'environne ». J'ai senti quelqu'un me saisir dans ses bras. Il m'a dit : « Retiens tes larmes, retiens tes pleurs, il y a de l'espérance pour toi ». Après la prière, ma chemise était trempée de larmes comme celle de quelqu'un qui vient de prendre une douche, tout habillé. J'ai senti comme on a ôté 1000 kilos de ma vie, Jésus venait de m'accorder son repos. Il venait de me donner la paix que ce monde ne connaît pas, la paix qui surpasse toute intelligence, la voix de Dieu me disait de recommencer ma vie à zéro, de tourner la page du passé, de regarder vers l'avenir, d'espérer recevoir les promesses de Dieu. Ce n'est pas facile d'oublier pour quelqu'un qui a été malade, abandonné, rejeté. Ce n'est pas aussi facile de pardonner sincèrement, surtout si on n'est pas véritablement sincère. La voix me dit prend ta croix et suis-moi ; mais comment prendre une croix qui vous dépasse ? Quelqu'un qui n'a jamais manqué la paix ne peut pas comprendre combien notre Dieu est le Prince de la paix. J'ai commencé à lui exposer ma destinée détruite. Dans ces heures d'intimité avec mon Dieu, je commençais à goûter de la joie céleste pendant ces jours inoubliables, ces jours glorieux pour moi. Jusqu'au jour où j'ai fait la rencontre du Pasteur Thérèse BIYOUHA. Après des moments pathétiques de prières qui m'ont tellement marqué, et certainement instruit par le Saint-Esprit, j'ai enfin pris l'engagement de servir véritablement Dieu et soutenir le Pasteur Thérèse dans sa vision. C'est alors que j'ai quitté l'Eglise de Jérusalem avec la bénédiction de ma tante. J'ai recouvré ma santé. Ce fut une victoire de plus que le Seigneur m'a permis de remporter sur le mal, la souffrance. J'ai souffert et j'ai vaincu.

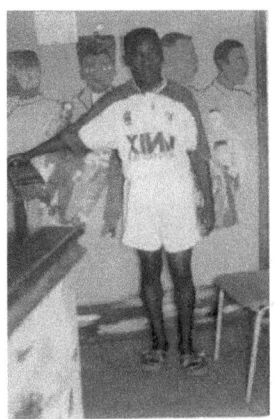
Dans mon salon de coiffure, 1997.

Lors de ma consécration sacerdotale en 2012.

Séance de prière au cours d'une campagne d'évangélisation à Essos en 2010.

Après sept mois passés sans travailler, j'ai repris mes activités. Mais dans ma vie, tout avait changé. Je n'étais plus le même être d'avant. Mon moi intérieur avait subi des mutations spirituelles. Je m'étais découvert la vocation de servir Dieu. Il était désormais loin, le temps où j'avais cru que le football devait être mon métier ; le temps où j'avais juré de faire carrière dans l'armée. Le Seigneur m'avait dévoilé le chemin de la victoire. A défaut d'être un militaire, fusil à l'épaule, comme dans mon rêve d'enfant, j'étais plutôt devenu un véritable guerrier dans la prière, combattant du mal. Je mettais tellement de zèle dans tout ce que je faisais à l'Eglise, au point où, lorsque je priais pour les malades, ils recouvraient leur santé ; ceux qui avaient des blocages étaient délivrés.

Mariage civil du couple ESSISSIMA le 19 avril 2008
Nul ne peut séparer ce que Dieu a uni. Marc 10 v 9

ESSISSIMA Château : 2 ans
et ESSISSIMA George: 3 ans

ESSISSIMA Kévine :
14 ans

Après m'avoir délivré des chaînes de Satan, des liens ténébreux qui plombaient ma vie, le Seigneur ouvrit pour moi des portes de bénédictions. Ainsi, durant ces premières années de ma vie de croyant, de chrétien né de nouveau, et enfin de ministre de Dieu, j'avais pu recouvrer une bonne santé physique et psychologique. Pendant ces « temps de rafraîchissement » que mon Dieu miséricordieux m'avait assurés, j'avais pu me constituer une épargne financière, qui allait me permettre de relancer un projet qui me tenait à cœur : en finir avec le concubinage, pouvoir enfin me marier devant les hommes et devant Dieu. J'entrepris de nouveau, auprès de ma belle-famille, mes démarches, qui évoluèrent vers la fixation d'une date pour la tenue du mariage coutumier.

Le 12 avril 2008 devrait avoir lieu mon mariage coutumier à BIBA YEVOL par Ebolowa. Je m'étais acquitté de ce qui m'avait été demandé, estimé à un million deux cent mille francs CFA.

Le départ de Yaoundé, en compagnie de mes parents était fixé à dix heures du matin. Après avoir parcouru une distance de cinquante kilomètres sur les cent vingt kilomètres prévus, le véhicule transportant les provisions tomba en panne dans un bosquet isolé, où la fréquence des voitures est très faible. Exposé au soleil, tous les quatre porcs sont morts et les poissons ont commencé à se décomposer.

Ces faits furent interprétés comme le résultat des actions maléfiques des sorciers agissant contre nous, qui refusaient notre arrivée à BIBA YEVOL pour la célébration du mariage. Par la grâce du Seigneur, un véhicule semblable à celui qui transportait la cargaison surgit de nulle part et nous permit de résoudre notre problème. Nous sommes arrivés vers 18 heures. Malgré les insultes et les amendes, le mariage put néanmoins avoir lieu, au grand dam des sorciers malfaisants. De retour pour Yaoundé, nous sommes arrivés aux environs de trois heures du matin.

Du fait de la panne de notre voiture, nous avons dû emprunter dans l'argent réservé à la belle-famille.

Avec ma belle-sœur DESY en 2013
Esprit de réconciliation et de pardon.
Symbole de la richesse

Ceci nous a empêchés de leur remettre l'enveloppe demandée. Ils exigèrent que je revienne moi-même le leur remettre à BIBA YEVOL le mercredi 16 avril, rejetant la proposition que nous leur avions faite d'empocher ladite enveloppe à Yaoundé lors de leur venue pour les cérémonies prévues le 19 avril. D'après quelques indiscrétions, leur plan machiavélique consistait à provoquer, par l'action des forces mystiques, un accident au cours duquel j'étais destiné à mourir. Malheureusement pour eux, j'effectuai le voyage sans être inquiété. Ceci par la grâce de Dieu. Vu l'échec de leur plan, ils s'adonnèrent à informer leurs proches et autres de l'annulation du mariage. Dans cette tâche méchante, ma belle-sœur Désy se montra particulièrement active. C'est elle qui disait à tous que le village avait refusé ce mariage entre leur fille et le pauvre et minable coiffeur. Leur entreprise ne connut cependant pas un succès, car la salle de la mairie de Yaoundé V à Essos fut bien bondée de monde ce 19 avril 2008, jour du mariage civil et religieux.

Ce jour à l'église, j'avais fait une prophétie pour mon épouse qui avait déjà passé dix ans sans faire d'autre enfant. J'avais alors prédit sa prochaine grossesse. Un mois plus tard, elle était réellement enceinte. Sous la pression de mon bailleur devenu distant à mon endroit après mon mariage, je me suis senti contraint de libérer le local où se trouvait mon salon de coiffure, délaissant par la même occasion ce métier de coiffeur. En 2009, poursuivant mes activités religieuses, j'ai été nommé conducteur de l'assemblée du quartier manguier à Yaoundé où j'ai servi pendant deux ans et je fus inscrit à l'école biblique Pan International Bible Seminary et une formation Biblique dénommée « Flamme de feu ». Durant ce laps de temps, Dieu opéra des guérisons miraculeuses.

L'une des danseuses de l'artiste musicienne Katino, en l'occurrence la sœur Salomé, fut guérie d'une insuffisance rénale. EBOZOA René[15], l'un de mes cousins victime d'une maladie qui le paralysa, fut aussi miraculeusement guéri après nos prières. Toujours dans le même cadre de la manifestation de Dieu l'Eternel, guérissait une femme du nom de NGONO Philomène atteinte des ulcères aux pieds, au point qu'elle a été abandonnée par son mari. Après des prières elle fut guérie. Une jeune sœur nommée MBARGA Loïs, alors élève en classe de terminale a été guérie des troubles de mémoire ; et c'est à travers son miracle que l'assemblée D'AYENE a été bâtie le miracle d'un jeune frère nommé NKODO Boniface Janvier, tombé raide mort, qui se réveilla après deux heures de prière. Et mon grand-frère NTOLO Benoit Richard, vendu à la Rose-croix, a été délivré après des moments de prière.

D'autres témoignages de ce genre peuvent être relevés dans la ville de Bafia. En 2010, j'ai été élevé

---

[15] Le concerné vit aujourd'hui à Awae et se porte merveilleusement.

au rang de pasteur et aujourd'hui, j'assume la charge de conducteur de l'assemblée du quartier AYENE à Yaoundé et de la ville de Bafia.

Le dernier épisode de mes souffrances a eu lieu en 2012, comme pour dire que l'ennemi ne s'avoue jamais vaincu, malgré le fait qu'il perd toujours face à JESUS-CHRIST. En effet, le 23 octobre de cette année, après une semaine de travail intense passée à Bafia, je suis revenu à Yaoundé pour poursuivre les préparatifs de ma consécration comme Révérend Pasteur[16]. C'est alors que j'ai ressenti subitement une douleur atroce au ventre. Rapidement transporté à l'Hôpital Central de Yaoundé, j'ai dû subir une intervention chirurgicale d'une durée de trois heures. Je souffrais en effet d'un mal au niveau de l'appendice. Selon le médecin, cet organe aurait éclaté, occasionnant une infection dans mon ventre. A deux mois de ma consécration, j'ai vécu ceci comme

---

[16] Il convient de relever que dans mon église, il existe une différence entre le Pasteur et le Révérend Pasteur.

une épreuve de plus dans ma vie. Inlassable dans les prières et par la grâce de Dieu qui ne m'a jamais abandonné, j'ai une fois de plus souffert, mais une fois de plus, j'ai vaincu le mal. Je suis parti de l'hôpital debout, sur mes deux pieds, après douze jours d'hospitalisation.

A peine sorti de cette étape, une semaine seulement après, un violent paludisme s'empara de moi, m'obligeant à me rapprocher de nouveau des médecins qui m'administrèrent deux perfusions par jour. Une fois de plus, Dieu m'assista et me guérit. Je me portais bien et je pus reprendre pleinement mes activités.

En janvier 2013, lorsque le Président Vénézuélien annonça son cancer, cela ne me laissa pas indifférent, parce que j'ai connu la maladie. Sachant les méfaits du cancer, j'ai porté le fardeau de prier pour lui, et au Cameroun, le service consulaire de l'Ambassade du Venezuela n'étant pas encore opérationnelle, j'avais des instructions précises de

Dieu, à savoir, utiliser un certain nombre de produits : un litre de miel, selon 1Samuel 14 : 27, un litre de vin rouge non sucré et de l'huile d'Onction dont il fallait l'oindre pendant sept jours selon Jacques 5 : 14 ; quant au miel naturel, après l'avoir sanctifié, il devait en boire trois cuillérées le matin et le soir ; plus du vin rouge. Il fallait le mélanger avec un demi-litre de miel après l'avoir sanctifié, il devait prendre un verre matin et soir. J'ai tenté de me rapprocher des autorités Camerounaises et ma démarche est restée vaine jusqu'au jour où le Vice Président Vénézuélien annonça la mort du Président sur la chaîne de télévision France 24. Peut-être n'avais-je pas fait assez pour l'atteindre ? Je tiens à expliquer que lorsque Dieu nous donne une mission, c'est à nous de faire tout pour qu'elle s'accomplisse ; nous devons nous lever et courir. Par exemple, si Dieu dit : « Tu seras journaliste », tu dois t'approcher de tout ce qui est médias pour te former, ce n'est pas en dormant dans ton lit que tu le deviendras, parce que Dieu l'aura dit. Je me suis effondré en larmes au point de pleurer pendant trois jours, sans cesse. Et au quatrième jour, Dieu se révéla pour me faire porter le fardeau des nations afin de proclamer l'amour, le pardon, la justice, la réconciliation. Prier pour les malades, prier pour les autorités qu'il a établies dans le monde entier. Selon 1Thimoté 2 : 2-3, prier pour les pays en guerre, défendre la nature de Dieu qui est dans Sa parole à travers la Bible, Jean 8 : 32. L'humanité est en train de vivre actuellement des crises énormes, les familles se déchirent, les enfants se rebellent, le chaos moral et éthique, des litres de larmes coulent partout dans le monde. Les conflits interpersonnels, interétatiques, intertribaux, entre familles, et la perversion remplacent de plus en plus l'harmonie. C'est ainsi que je prends le chemin de la protestation devant ce monde en flammes, en disant non, je prends devant l'histoire le chemin de la construction d'une nouvelle aube et d'une nouvelle histoire. Etre messager de la paix n'est pas un simple engagement, mais une grande responsabilité ; c'est prendre la décision d'écrire une nouvelle histoire de sa vie et de sa destinée, c'est s'engager dans une mission héroïque afin de changer sa vie et celle des autres, c'est vouloir laisser une empreinte indélébile dans ce monde qui passe.

A ce titre, j'organisais un séminaire en début du mois d'avril 2013 avec pour thème : Cameroun où est le Dieu de la justice Divine ? Tirer de Malachie 3 : 18 « Et vous verrez de nouveau la différence entre le juste et le méchant, entre celui qui sert Dieu et celui qui ne le sert pas. » Au cours de ce programme j'ai sorti plus de mille tracts.

- Prière pour la libération des français enlevés au Cameroun par BOKO HARAM,

- Prière pour une justice divine pour les commanditaires des crimes rituels de Mimboman et Etoudi au Cameroun,

- La paix au Cameroun pendant les élections sénatoriales et leur bon déroulement,

- Une justice équitable dans les familles, les

sociétés, les écoles de formation, les lycées, les universités, les structures administratives,

- Prière pour le football Camerounais,

- Prière pour la santé physique de son excellence Paul BIYA et son épouse Mme Chantal BIYA.

Il est à noter qu'après ce séminaire Dieu s'est manifesté puissamment la même semaine, les français ont été libérés, les élections se sont déroulées dans la paix, des commanditaires des crimes rituels ont été arrêtés, et à propos de la FECAFOOT, son équipe dirigeante à été destituée et remplacée.

Dans ce mois d'avril 2013, l'entraîneur sélectionneur des Lions Indomptables, le nommé AKONO Jean-Paul, ayant passé 07 mois sans salaire a tout de même tenté de sortir l'équipe de la dernière place qu'elle occupait, lors des qualifications de la coupe du monde Brésil 2014. C'est ainsi que le Cameroun est passé de la dernière place à la première. Jean-Paul AKONO a également essayé de rétablir le dialogue et l'harmonie dans les vestiaires entre les joueurs et entre eux et l'encadrement technique ; sauf que ce dernier ne parviendra pas à mener à terme son projet car il sera éjecté de son poste par le ministre de l'Education physique après un appel à candidatures pour ce même poste lorsque ce dernier, AKONO Jean-Paul l'occupait encore. Je me suis levé pour dénoncer cette machination à la Radio Satellite FM dans l'émission « Au cœur de la Cité » présentée par l'animateur Ronald Peggy MEYONG. Au cours de ce programme j'ai dénoncé le vaste réseau mafieux et satanique complotant contre AKONO Jean-Paul et déclaré que la volonté de Dieu et du peuple était qu'il reste à la tête de la sélection. Qui peut dire aujourd'hui qu'il a oublié les exploits d'AKONO Jean-Paul aux

ETO'O Fils et AKONO Jean-Paul
Il est temps de célébrer nos valeurs au Cameroun ; ceci reste à faire, pourtant elles sont respectées et valorisées dans le monde.

Jeux Olympiques de Sidney 2000. Deux semaines plus tard, Dieu me révéla d'aller prier pour lui parce que sa vie était en danger. Je ne l'avais jamais rencontré auparavant, mais Dieu me dirigea à son domicile et nous avions passé des séances de prière. Et il m'a donné de sa volonté une somme de 20 000 francs à la fin de la prière. Aujourd'hui, sa vie a été préservée par l'Eternel. Ces faits se déroulent 04 jours avant son accident vasculaire cérébral. Et plus tard, il fut évacué en Europe avec l'aide de SAMUEL ETO'O FILS, car son ministre de tutelle, l'ayant abandonné, s'empressa plutôt de le remplacer à la tête de l'équipe nationale.

Une fois de plus on se rend compte que de telles attitudes ne semblent pas plaider en faveur du développement de notre pays en général, et de notre football en particulier. Il est important de reconnaître nos valeurs et de les célébrer, car elles sont nombreuses, à l'instar du coach Jean-Paul AKONO, qui subissent des frustrations et des humiliations de ce genre ; il est temps que cela change et que l'intérêt de la Nation passe avant les intérêts individuels. Certes, nul n'est prophète chez soi, comme le disait Jésus, mais il est important et même urgent de reconnaître et de rendre hommage à ces valeurs quelles qu'elles soient. L'imposture dans laquelle nous vivons semble nous éloigner du véritable combat, qui est celui de la reconnaissance des valeurs, du mérite et du talent.

On observe aujourd'hui l'émergence de l'imposture au détriment de la méritocratie que prône le Président de la République Son Excellence PAUL BIYA. C'est ainsi que comme Jean-Paul AKONO, Samuel ETO'O FILS(suspendu pour 15 matchs par la FECAFOOT), le Dr. Charles ATEBA EYENE, le Dr. Mathias Eric OWONA NGUINI, le Général Pierre SEMENGUE, Son Excellence Roger MILLA, le Dr. MESSANGA NYAMDING, le Dr DONG MOUGNOL Gabriel, M. ANANIE RABIER BINDJI, Jean Lambert NANG, Linus Pascal FOUDA et bien d'autres valeureux camerounais doivent au quotidien essuyer de nombreuses frustrations.

Rappelons-le pour ceux qui semblent oublier que Dieu existe et que sa parole déclare dans Hébreux 6 : 10 « Dieu n'est pas injuste pour oublier votre travail et l'amour que vous avez montré pour son nom, ayant rendu et rendant encore des services ».

CONCLUSION

Cette histoire, qui retrace le parcours de ma vie depuis ma naissance jusqu'à cette fin d'année 2013, dévoile la mission que Dieu m'a assignée. Il m'a fait pour le servir. C'est pourquoi du ventre de ma mère, j'ai été éprouvé par Satan qui était conscient du fait que ma venue dans ce monde, où il malmène les âmes, les créatures du Seigneur, était un problème pour lui. *Jean 10 :10* dit : « Le voleur ne vient que pour dérober, égorger et détruire. Mais Jésus est venu pour nous donner la vie en abondance ». A travers cette vie en Jésus, les âmes sont libérées des chaînes du diable, les malades sont guéris. Une vie qui a été pleine d'épreuves, de souffrances, mais contrôlée par la main de Dieu (*Jérémie 1 :4),* est devenue une vie de victoires. Ma très prometteuse carrière footballistique brutalement stoppée, brisée… j'ai dû manqué la gloire et la fortune de ce monde. Mais j'ai gagné « la meilleure part » : la vie éternelle, le salut de mon âme, car : « A quoi servirait-il à un homme de gagner le monde, s'il perd son âme ? »

Telle est mon histoire, celle d'un opprimé qui, par la grâce de Dieu, a pu vaincre ses souffrances et devenir un Ministre de Dieu. Oui, c'est vrai, tel qu'il est écrit dans la Bible, Dieu ne fait point acception de personnes. En effet, dans son infinie miséricorde, il appelle à lui les enfants, les jeunes et les personnes âgées, les humbles et les princes, les méchants et les justes ; puis dans son royaume, il leur accorde le Salut éternel, en fait ses enfants (« Ils seront appelés fils du Très-haut »), ses Ministres, destinés à un sacerdoce royal ! Dieu m'accompagne fidèlement dans mon ministère pastoral, dans lequel je m'épanouis.

Au plan familial, Dieu me fait grâce de prospérer à tous égards, comme prospère l'état de mon âme. Ma femme et mes enfants connaissent le bonheur à mes côtés. Ma belle-famille et moi sommes déjà en parfaite communion. Et quant à mon père géniteur, à la moindre occasion, je suis à ses côtés, surtout dans les moments difficiles ; et ma mère s'est remariée. Mon oncle ATANGO est aujourd'hui tailleur dans la ville de Mfou, à 18 km de Yaoundé. Et toutes les fois que j'ai un temps libre, je vais lui rendre visite avec un présent de cinq litres de vin rouge.

PRIÈRE :

1 - O seigneur tu es le juge de la terre, que tes jugements justes renversent tous jugements sataniques dans le monde entier, au nom de Jésus.

2 - Que tous mauvais programmes et mauvais plans contre les pays dans le monde soient annulés, au nom de Jésus.

3 - Que tous les agents de Satan qui revendiquent la désolation dans les familles reçoivent le Feu de Dieu pour son jugement, au nom de Jésus.

4 - Que toutes lois sataniques invoquées contre les destinées soient annulées par la loi de l'Esprit de vie en Jésus-Christ au nom de Jésus.

5 - Seigneur, fraye un chemin de bénédiction pour tous les footballeurs du monde entier et qu'il n'y ait plus de mort subite au cours d'un match, au nom de Jésus.

6 - Je proclame la paix dans tous les pays africains en guerre, au nom de Jésus.   **AMEN !**

ÉGLISE FRONTIÈRES GLOBALES DU CAMEROUN
MINISTÈRE ÉVANGÉLIQUE DE LA RÉCONCILIATION ET DE LA DÉLIVRANCE

Assemblée d'Ayené
Présente

Rév. Bertrand ESSISSIMA

4 jours de prière pour le Cameroun

THÈME :
CAMEROUN OÙ EST LE DIEU DE LA JUSTICE DIVINE ?

Malachie 3 v 18 « et vous verrez de nouveau la différence entre le juste et le méchant entre celui qui sert Dieu et celui qui ne le sert pas ».

AU PROGRAMME :

- Prière pour la libération des français enlevés au Cameroun par BOKO Haram. *Acte 16 – v 26-27*
- Intercéder pour une justice divine pour les commanditaires des crimes rituels de Mimboman et Etoudi. *Genèse 4 v 9-12*
- La paix au Cameroun pendant les élections et le bon déroulement. *Marc 4 v 39*
- Pleurer devant la face de Dieu pour le cas du journaliste **DUVAL EBALE** de Youth Radio, victime de l'injustice. *Esaïe 40 v 31*
- Une justice équitable dans les familles, les sociétés, les écoles de formation, lycées, les universités et les structures administratives. *Jérémie 29 v 11*
- Prière pour le football en général et en particulier le cas des icones du football Camerounais molestés et abandonnés. *Éphésien 3 v 13*
- Prière pour la santé physique de son Excellence Président PAUL BIYA et son épouse madame CHANTAL BIYA. *1 Timothée 2 v 2-3*
- Prière de délivrance des malades tous les jours.

Du 25 au 27 Avril 2013 à partir de 17h et 28 Avril 2013 à partir de 9h, culte d'adoration avec actes prophétiques.

→ **Lieu** : université catholique de Mvog-Mbi à Ayéne
à 100m de la route non bitumée à droite 3e église.
→ **Orateurs** : Apôtre NZIKOU KWAM FABRICE
→ **Prédicateur** : MBARGA GASPARD
→ **Hôte** : REV BERTRAND ESSISSIMA

Téléphone : 99 47 82 12

Le Révérend pasteur ESSISSIMA Lambert Bertrand est au Cameroun. Depuis plusieurs années, j'ai officié comme pasteur au sein de l'Eglise Frontières Globales du Cameroun. (Ministère Evangélique de la réconciliation et de la délivrance). Je suis le bâtisseur de l'Eglise Frontières Globales, assemblé d'ayené et de Bafia (Yaoundé Cameroun) ; je suis missionnaire depuis janvier 2014 après avoir parcouru le Tchad, Congo Brazzaville (pointe-noire) actuellement je me trouve en guinée Equatorial (Malabo) ou j'ai bâtir un ministère (iglesias Evengelica de la Reconciliacion y Libération) je suis marié .et père de trois filles.

Cet ouvrage autobiographique est un témoignage vivant, qui relate des faits authentiques de ma vie, dans laquelle j'ai eu l'opportunité de côtoyer un futur grand homme, en la personne de Samuel ETO'O Fils. Mon objectif est d'amener le public à comprendre combien les voies de Dieu sont insondables. Ces voies par lesquelles il appelle à lui les êtres humains, afin de les délivrer de la condamnation, pour enfin leur accorder le salut de leur âme, à travers sa connaissance, et celle de son Saint Fils, JESUS-CHRIST, unique Seigneur et Sauveur de Sa création tout entière. En outre, apporter la paix et la réconciliation dans les familles, démontrer la puissance de Dieu à travers les prières de délivrance.

Je dédie cet ouvrage à tous ceux qui souffrent dans le monde en général et en particulier à mon épouse Mme ESSISSIMA Ghislaine Jany qui m'a supporté dans toutes ces épreuves après 16 ans de vie commune.

Mes remerciements à MM. DONG Mougnol Gabriel Maxime, Théophile AWONA, Pasteur BELLA, Apôtre Abraham MENDOGO, mr GREGORY DOMOND en haiti, le Général de Dieu Dieunedort KAMDEM et à tous ceux là qui m'ont aidé de près ou de loin dans les prières.

104

Oui, je veux morebooks!

I want morebooks!

Buy your books fast and straightforward online - at one of the world's fastest growing online book stores! Environmentally sound due to Print-on-Demand technologies.

Buy your books online at

www.get-morebooks.com

Achetez vos livres en ligne, vite et bien, sur l'une des librairies en ligne les plus performantes au monde!
En protégeant nos ressources et notre environnement grâce à l'impression à la demande.

La librairie en ligne pour acheter plus vite

www.morebooks.fr

OmniScriptum Marketing DEU GmbH
Heinrich-Böcking-Str. 6-8
D - 66121 Saarbrücken
Telefax: +49 681 93 81 567-9

info@omniscriptum.com
www.omniscriptum.com

www.ingramcontent.com/pod-product-compliance
Lightning Source LLC
Chambersburg PA
CBHW032303150426
43195CB00008BA/554